43573056R00056

Made in the USA
Middletown, DE
25 April 2019